그럼에도
사랑합니다

그럼에도 사랑합니다

정진용 디카시집

도서출판 도훈

이제껏 드러내지 못한 속마음

겹겹 꽃잎으로 탈고했습니다

2023년 5월, 제주 북촌에서

零細　詩　工藝士
영세 시 공예사 정 진 용

차례

손발로 사랑하다 … 11

눈 속 절경 … 13

다시 고백하다 … 15

세뇌洗腦하다 … 17

낙화落花를 마시다 … 19

맑게 살다 가볍게 떠나다 … 21

멈추면 거울이다 … 23

삼백예순여덟 오름 앞에서 … 25

답하다 … 27

문장법 … 29

눈물 처방전 … 31

엇갈리다 … 33

까치밥 … 35

푸른 외도外道 … 37

불공정 거래 … 39

수월봉水月峰 … 41

내게 사진은 사기詐欺다 … 43

살아 보니 … 45

위로받다 … 47

치매 … 49

도솔암兜率庵 이용법 … 51

횡재하다 … 53

받아들이다 … 55

누구든 바다다 … 57

핫도그 아줌마 … 59

세상 공짜 없다 … 61

물구나무서다 … 63

이별 그 후 … 65

문득 그립다 … 67

부탁하다 … 69

둘러대다 … 71

발자국 낙관落款 … 73

나를 만나다 … 75

노랑 말씀 … 77

철길처럼 … 79

돌담 속 한숨 … 81

쓸쓸하고 씁쓸하다 … 83

바람을 놓다 … 85

건망이 때로는 기쁨이다 … 87

중심中心과 중심重心 … 89

난 몰라? … 91

헛헛한 이름들 … 93

산담 공부 … 95

홀로 사는 나라 … 97

오늘만 살다 … 99

내가 있어 세상 있으니 … 101

선입견 … 103

거듭 익히다 … 105

바람도 탈 만합디다 … 107

문후^{問候}를 여쭙다 … 109

형평이 맵싸하다 … 111

생각할수록 아득하다 … 113

길 따라 휘어지다 … 115

착각일지도 모르겠지만 … 117

물때 따르다 … 119

가불하다 … 121

오늘을 저축^{貯蓄}하다 … 123

몸 없이 생각도 없다 … 125

화해한다면 … 127

대들다 … 129

아뜩할 뿐이다 … 131

돌 돌 돌처럼 살다 … 133

빈집은 없다 … 135

수평선 … 137

투사^{投射}하다 … 139

이름 없는 안부 … 141

손안 행복 … 143

몸 있어 늘 새롭다 … 145

종신終身토록 사랑하다 … 147

내키는 대로 … 149

맞추어 살다 … 151

때늦게 변명하다 … 153

노을 무렵 자화상 … 155

청승 떨다 … 157

늦게라도 알았으니 … 159

수수께끼 … 161

다짐하다 … 163

사는 데가 명당이다 … 165

아닌 폭설 앞에서 … 167

옛사랑 … 169

마음 뾰족하다면 … 171

슬픔 그리운 날 … 173

자수하다 … 175

몸속 절창 찾아 … 177

해설 _두 가지 즐거움 / 조 향 순 시인 … 180

나 때문에 생긴 상처

참람僭濫하게도 사랑이라고 불렀습니다

진실로, 진실로 미안합니다

이제 손발로 드러내겠습니다

                                        손발로 사랑하다

눈 가득 쨍한 사랑이면

순간도 감히, 영원입니다

눈 속 절경

영화 속 명소 같은 그대,

함께하면서 빈틈도 보았습니다만

그럼에도 사랑합니다

오로지 그대이기에 사랑합니다

다시 고백하다

태어난 날만 생일입니까

살아 있는 날도 생일이니

날마다 잔치처럼 삽니다

세뇌洗腦하다

꽃 져야 열매 맺으니

이별 한 잔

기꺼이 비웁니다

낙화落花를 마시다

해가 나면 사라지는 이슬처럼

덧없는 인생이라고 합니다만

나는요 이슬처럼 맑게 살겠습니다

나는요 서슴없이 이슬 따르겠습니다

맑게 살다 가볍게 떠나다

흙탕물도 고요하면 거울입니다

마음 아니라 몸 잠잠하여 스승입니다

멈추면 거울이다

오름 많다고 해도

오를 만큼 오르면서 즐길 뿐입니다

책장 속 책 다 읽지 않고도

잘만 사는 세상 아닙니까

       삼백예순여덟 오름 앞에서

자유가 뭔지 궁금하다고요?

삼가 나무를 톺아보십시오

답하다

꽃무릇 그대는

잎 다 버리고 절창 얻었습니다

허사虛辭 깡그리 털어낸

그대를 표절剽竊합니다

문장법

해 질 녘 미황사美黃寺 응진당應眞堂에서

풍경風磬 소리 더불어 남도 노을 깊이 안길 때

범종 소리가 느닷없이 빈 가슴 두드려

삐쭉, 용수철 눈물 솟구쳤습니다

눈물 가뭄이라면 이렇게 한번 해 보십시오

눈물 처방전

의자가 고운 단풍 마련했습니다

나도 저렇게 그대 기다렸습니다만

내가 그랬듯 그대도 지나쳤습니다

엇갈리다

붉은 눈물입니다

시골 빈집에 내건 조등^{弔燈}입니다

까치밥

한라산 오를 때마다 만나는 푸른 엉덩이,

바람피우듯 홀로 즐겁게 만나는

푸른 외도^{外道}

제주 바다 눈 가득 담아 간 사람

그 값은 쓰레기로 넉넉하게 치렀습니다

불공정 거래

진시황이 찾던 불로불사 영약이

저 책 속에 있습니다만

생각하면

책 한 쪽도 못다 읽을 생입니다

수월봉 水月峰

"사진은 왜 찍으세요?"

"사기^{詐欺}나 치려고요"

"네?"

"지인에게 보내 여기 오게 만들려고요"

"……"

내게 사진은 사기^{詐欺}다

발길 닿는 데가 학교였고

보이는 것마다 스승이었습니다

사는 일이 섬인 줄 알았으니

더는 섬 속 섬으로 살지 않습니다

                                        살아 보니

절벽 모여 백록담^{白鹿潭} 이루었습니다만

물 모으는 일은 뜻대로 못 했습니다

헌헌^{軒軒} 절벽에도 구멍 숭숭한데

하물며 사람이야 오죽하겠습니까

위로받다

나 살았을 때 너희 잊어주마

나 죽어 너희가 나를 잊기 전에

나 살아 너희 먼저 잊어주마

치매

걱정은 해남 바다로 부치고

신선 된 기분만 내고 가십시오

풍광만 먹고 살 순 없잖습니까

마당조차 넓지 않습니다

도솔암 兜率庵 이용법

물 반 고기 반이라고 해도

거저 줍는 게 아니었습니다

생선값은 안 깎겠다는 다짐도 잡았으니

오늘 밤 조과^{釣果}는 만선입니다

횡재하다

내가 휘두른 한마디 비수로

앙앙怏怏 가시 키울지도 모를 그대,

서슬 더욱 날카롭게 갊는다 해도

에누리하지 않겠습니다

받아들이다

얕은 바다 즐거운 웃음소리 봤을 때 알았습니다

밴댕이 소갈머리도 누군가에겐 바다라는 걸

누구든 바다다

사월 가파도^{加波島}에 홀려

털썩 눌러앉았다는 그 사람

겨울바람이 무섭다고도 했는데요,

이듬해 만나 안부 물었더니

사는 건 어디나 비슷하다며

웃음에 커피 타 줍디다

핫도그 아줌마

아기가 엄마 젖 먹을 때

잎잎이 푸른 땀 돋습니다

값없는 엄마 사랑조차

공짜가 아니랍니다

                                            세상 공짜 없다

더는 추락할 데 없다면

그때가 바닥입니다

가슴 도스를 때

바닥은 희망 발판입니다

물구나무서다

미움,

잊으려 해도 아니 잊히더라

사랑,

잊고 싶어도 펄펄 살아나더라

                                              이별 그 후

조선낫으로 돌아와

허공 떠도는 자식 한숨 베어 내면서

사랑 다 여위는 하늘 아버지,

싫던 모습조차 보고 싶습니다

문득 그립다

제주는 봄날 여자인 줄 알았습니다만

그녀와 사는 동안 불화 잦았습니다

그녀랑 살 마음이라면 잊지 마세요,

그녀가 언제고 오월은 아니란 걸

부탁하다

뚝 뚝 동백 보자니 울고 싶습니다

아닌 시절 피하지 못한 참담^{慘憺} 때문이 아닙니다

못된 봄, 덜 깬 술 탓입니다

둘러대다

백운동^{白雲洞} 매화 만나러

파지^{破紙} 같은 눈 맞으며 갔습니다만

그대 오기에는 추위 굳센지라

하얀 원고지 깊숙이 고이는 아쉬움……

발자국 낙관^{落款}

뭍에 좌초한 고래 한 마리

오늘도 마파람에 지느러미 벼립니다

도돌이표 희망 연주하며

골석화증^{骨石化症} 가슴 다독이며

나를 만나다

상복^{喪服} 훌훌 벗는 은행나무 말씀,

올해 겪은 울음 올해 다 털어내라

부모상도 삼우제^{三虞祭} 날 탈상^{脫喪}하듯 그렇게

노랑 말씀

저렇게만 살았어도

많은 슬픔 없었을 테니

우리 사이도 저만큼만

세상 무엇이든 딱 저만큼만……

         철길처럼

파도 소리 두른 돌담집에 살고 싶다는 그대

멀리서 보면 외로움도 그럴싸합니다만,

숨비소리에 바닷속 인내 서리서리 감겼듯

돌담 구멍마다 횡횡 한숨 흥건하답니다

돌담 속 한숨

사라사^{紗羅寺} 종소리 안주 삼아

그림자와 함께 근본 없는 서러움 비울 때

새벽까치 맑은 울음이 끌어내는

반짝 미망^{迷妄}은 어떻게 마셔야 합니까

           쓸쓸하고 씁쓸하다

삐쭉빼쭉 모서리 갈고 다듬느라

얼마나 많은 미세기 다녀갔을까요

묵묵 돌덩이도 손보기 힘든데

사람 안 바뀐다고 너무 실망 마세요

바람을 놓다

늘 어둠 넘치던 방이

오늘은 얼굴 환했습니다

깜빡, 불 끄는 걸 잊은 게

나쁘지 않은 날이었습니다

                              건망이 때로는 기쁨이다

한라산은 몸 잡아매는 말뚝입니다

시계 방향으로 차를 몰든

반대쪽으로 올레길 걷든

제주 바다는 심지 다듬는 대패입니다

오른쪽으로 자전거를 타든

왼쪽으로 바닷길 달리든

중심^{中心}과 중심^{重心}

조국의 미래 청년의 책임

나라를 이렇게 만들어놓고?

청년의 미래 조국의 책임

이래야 하는 것 아닙니까?

난 몰라?

소변기에 흘린 거웃처럼

외롭고 쓸쓸한 민주, 정의 그리고 국민……

하긴

붕어빵 속에 붕어 있었을까마는

                          헛헛한 이름들

천원지방^{天圓地方},

모난 것은 땅에 속하고 둥근 것은 하늘에 속하니 하늘은 둥글고 땅은 모나다고 하였습니다

이러한 믿음으로 천지^{天地} 두른 무덤 보았으니

삶과 죽음이 하나로 이어지도록 살겠습니다

산담 공부

홀로라도 할 수만 있다면

바위 깎아 절벽 에운 범섬에 나라 세우고

밭 한 뙈기 다스리겠습니다

바다가 내어주는 자리돔 몇 마리로

하루 마감하는 법도 잘 지키겠습니다

                              홀로 사는 나라

내일 일은 걱정 않고

팔딱팔딱 순간 낚아챕니다

지난 일은 망각에 맡기고

오직 오늘 당장만 삽니다

오늘만 살다

삽상颯爽 마파람에 허물 씻고

노을로 걱정 헹구면서 다짐 새깁니다

나부터 용서하고 사랑하고 남는 것으로

다른 사람도 용서하고 사랑하리라

내가 있어 세상 있으니

마라도 해녀 삼춘은 마라도 닮은 해삼 잡고

마라도 찾은 사람은 마라도 해삼 즐기는데

마라도가 고구마 닮았다고요?

선입견

"백두산 천지^{天池}를 줄여서 보여주었으니

크고 복잡한 일은 작게 뭉뚱그려 쉬이 끝내라"

소천지^{小天池}께서 베푸는 가르침

불망^{不忘} 깊숙이 꾹꾹 새겼습니다

거듭 익히다

연잎에 갇혀 팔딱대는 새끼 붕어를

물속으로 돌려보냈습니다

불쑥,

백련지^{白蓮池} 찾은 보람이었습니다

바람도 탈 만합디다

딱따구리가 똑똑 안부 물을 때

문득 그대 따따부따 그리운데

꿈 없이 잠 깊은 그곳에서

오늘도 몸 없이 여전하신지요?

문후^{問候}를 여쭙다

가진 것 없어 나눌 것 없고

준 것 없어 받을 것도 없습니다

얻은 것 없어 잃을 것도 없으니

내 사는 일이 저와 같습니다

형평이 맵싸하다

대향^{大鄕}*이 살았던 방은 구유처럼 작은데요, 한밤에 그이가 뒤척대면 아내와 아이들이 쇠똥구리 경단처럼 또르르 굴렀겠습니다만 풍족한 궁핍 속에 "…… 행복한 순간도 있었다"는 이야기 둘러보고 1호만 한 섶섬 눈에 담는데 호된 슬픔 몇 호쯤 앓아야 '황소' 같은 문장 받겠습니까

생각할수록 아득하다

* 화가 이중섭(1916~1956)

길은 마을 찾아 휘돌고 사람들은 길 따라 삽니다

제주에 터널 없는 까닭입니다

길 따라 휘어지다

섬은

지친 새들 날개 추스르는 쉼터입니다

나도 가끔은

그대 쓸쓸함 받아주는 섬으로 삽니다

                          착각일지도 모르겠지만

썰물이 길 열어주면 썩은섬 둘러보고

그렇잖으면 가던 길 내처 갑니다

물때 맞춰 그대 만나고 싶습니다만

서로가 그냥 지나친다 해도 그뿐입니다

물때 따르다

용눈이 둥그스름한 새벽 위안이 좋아, 미명 두른 다랑쉬가 좋아, 다랑쉬 감싼 노을이 좋아, 해거름 꼬리 문 초승달이 좋아, 초승달 동무하는 샛별이 좋아, 아내처럼 눕는 어둠이 좋아, 어둠과 어깨 겯는 안개가 좋아, 그 모습 남긴 그이* 사진 보면서 내 미래를 아득하게 만났습니다

가불하다

* 사진작가 김영갑(1957~2005)

월정리 즐기는 사람들

비췻빛 소리 눈 깊숙이 거두고

돌돌 물결 귀청 가득 적립합니다,

먼 훗날 몸 따르는 마음이

오늘로 흐르면서 웃음으로 돌아볼

짭짤하고 푸른 그리움을

오늘을 저축貯蓄하다

구속이 싫어 훌쩍 바다 건넜다는 그대,

정말로 몸 자유로운 때 있었습니까

몸 얽매였던 때 있었더라도

그리 여기지 않았기 때문 아닙니까

그렇게 살아야 하는 것 아닙니까

몸 없이 생각도 없다

잘못은 맨땅 훔치는 오체투지^{五體投地}처럼 빌고

용서는 뒷걸음질 모르는 절벽처럼 베푸시라

하여 서로서로 정방폭포 행로처럼만 사시라

화해한다면

잡초라고 타박하지 마라

맨땅 덮어주던 나 쫓아내면

누가 내 노릇 할 건데

                                                대들다

하얗게 허리 굽은 어르신이 가족과 함께 넘는 1100로가 싸움에 휘말린 당신이 깡패 이름 덧쓴 젊음으로 닦은 길이라면, 굽이굽이 1100로에서 그 굴곡屈曲 비로소 듣는 자식이라면……

아뜩할 뿐이다

이 땅 사람들 돌과 함께 살면서 돌로 집 지었고

돌밭 갈아 메밀 가꾸며 울담, 밭담, 원담 둘렀습니다

환해장성環海長城 에우며 올레담, 방사탑防邪塔 쌓았고

돌처럼 살면서 저승 집도 돌로 마감했으니

돌 더불어 트멍 배우고 간 사람도 잘만 살겠습니다

돌 돌 돌처럼 살다

사람 없는 집은 있어도 빈집은 없습니다

수신인 없는 그리움이라도 뒤척입니다

                                              빈집은 없다

바다가 작심하고 그은 일필휘지^{一筆揮之} 함묵,

저 푸른 칠성판에 누워 꿈 엮노라면

내 저승은 아주 간간하겠습니다

엄마 뱃속에서 열 달 내내 소금 익힌 값입니다

수평선

사람 기척 귀할수록

유물도 고적^{孤寂} 끙끙 앓습니다

내 시^{詩} 또한 저와 같은데

언제 발소리 주시겠습니까

                                                    투사^{投射}하다

큰노꼬메오름 올라 산방산부터 단산오름, 가파도, 마라도,

송악산, 모슬봉, 바리메, 괴오름, 금오름, 저지오름, 비양도,

도두봉, 사라봉까지 둘러보면 그 사이사이엔 오름도 많은데

그 이름 모른다고 삐칠 오름 하나 없는 것처럼 나는요,

나를 기억하는 사람 없어도 나 같은 오름으로 눈 씻으면서

잘만 산답니다

이름 없는 안부

웃음에 한도 없으니

오늘 하루치 아낌없이 씁니다

눈물에 총량 있으니

내일 치 당겨쓰지 않습니다

손안 행복

새별오름에서 가을 배웅할 때

구름은 어서 떠나라 하고

몸 있어 다시 떠나는 길

바람 맛은 여전히 파랗습니다

몸 있어 늘 새롭다

그대 손 꽉 잡고

지금까지 함께했으니

세상 다하도록

그 사랑 놓지 않겠습니다

종신終身토록 사랑하다

제주에 왔으니 각재기국, 게우젓 꼭 먹을까요

빙떡, 고사리육개장, 몸국, 갈칫국, 말고기, 고기

국수, 자리물회, 겡이국, 쉰다리…… 다 먹어야 할까요

입에 맞는 먹거리 찾아

혓바닥 넘어가게끔 냠냠 쩝쩝 드세요

내키는 대로

도다리 눈처럼 가지 몰린 구상나무

된바람 원망도, 땅 높은 탓도 않습니다

다만 때맞춰 잎 파랗게 물들이고

혓바닥 둥그렇게 다듬을 뿐입니다

맞추어 살다

나무 몇 그루 뿌리 깊숙이 기르다 보면

아득한 절벽도 분명 갈라지고 무너졌겠습니다만

그땐 참을성 밭아 뒷날 못 믿었습니다

사랑 푸른 언약 놓친 까닭입니다

때늦게 변명하다

빙떡 전煎 같은 지귀도地歸島 곁에서

한세월 동안 사색思索 키질하다 보면

낮은 곳으로 스며드는 섬에 물들어

눈길 둥그스름하고 겸허할 터

노을 무렵 자화상

몽당비로 남은 장인 마음

차마 못 버렸습니다

당신 닮은 딸 찾아

까꿍, 꿈 도깨비로 오실까

청승 떨다

펄펄 화산도 바닷물 만나 다 식었고

울퉁불퉁 상처도 파도 따라 둥글어지는데

왜 사람을 미워하고 제 속 볶아댔는지……

사람 된 욕심 때문이었으니

삐뚤빼뚤 눈길 눅진하게 다듬겠습니다

늦게라도 알았으니

성난 바다 건너려고 열네 살 애기업개 떼어놓고

마라도 떠났던 사람들 이듬해 다시 찾아와 뼈만 남은

아이 넋을 할망당으로 모셨다는데요, 용서를 구해야

할 사람한테 바다를 무사히 건널 수 있도록 빌어야 한

다면 사는 깊이는 얼마쯤입니까

                                        수수께끼

팽나무 당산목^{堂山木} 앞에서 엄니 사리뭅니다

이제껏 잘 살았으니

앞으로도 몸 가는 대로 마음 부리리라

마음과 같지 않더라도 조금만 실망하고

건강 더불어 행복하겠다고

다짐하다

밤바람은 실성한 동네 형처럼 나뭇가지 분지르며

휭휭 전깃줄 흔들고 함께 온 빗발은 골목길 걷어차며

후드득후드득 유리창 두드려 팰 때 고양이 발정 난 소

리까지 끼어들면 그야말로 소리 지옥인데

  웬만하면 제주 산들바람 속에 닻 내리지 마십시오

  사는 데서 뼈 깎는 외로움 그대로 마십시오

                            사는 데가 명당이다

누구는요, 행복[幸]에서 무언가 빠지면[一]

괴롭다[苦]고 풀이합니다만,

나는요, 고생[苦] 끝에 기쁨 얻었으니[一]

행복한[幸] 생이 그저 고마울 뿐입니다

아닌 폭설 앞에서

섬으로 살면서 절절 그리움으로

징검다리 놓고 만나는 게 사랑이라면,

돌 나르다 넘어진 채 금 간 가슴도

주상절리 못지않은 비경일 터

옛사랑

마음 뾰족한 날 몽돌 해변에서

쏴 아 아 아 아 아 파도 소리

데 ㄱ ㄹ ㄹ ㄹ ㄹ 몽돌 수다 마시다 보니

어느새 눈길 둥그렇습니다

가슴 다듬으려면 알작지 찾으십시오

마음 뾰족하다면

마라도 걷는데 누군가 한마디 했습니다

"잔디는 밟아줘야 잘 큰다"

밟힐 데 없이, 밟을 생각 없이 사는 때

문득, 똥침 같은 아픔이 그리웠습니다

슬픔 그리운 날

단풍이 냇물로 뛰어들어

냇물 훨훨 태웁니다

저 불콰한 색감 훔쳐

그대 가슴에 불 놓을 나는

미래 방화범입니다

자수하다

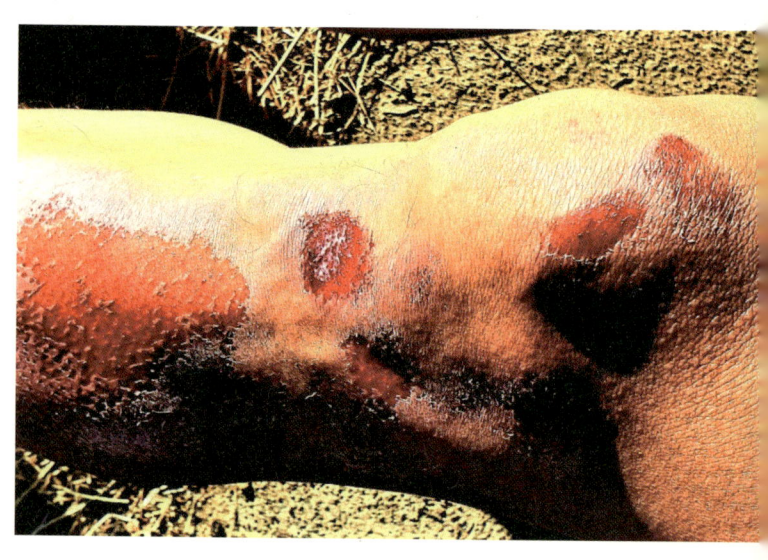

자전거 타다 자빠졌을 때

다리에 핀 홧홧 단풍 보았습니다

몸속에 송연悚然한 노래 찾아

서릿가을 꿋꿋이 걷겠습니다

                                          몸속 절창 찾아

두 가지 즐거움
- 『그럼에도 사랑합니다』 읽기

조향순 시인

두 가지 즐거움
- 『그럼에도 사랑합니다』 읽기

조향순 시인

디카시집 첫 독자가 되어보기는 처음이라 어떻게 쓸까를 고민했다. 말하자면 '사진+시(詩)'인데, 사진을 먼저 보나? 시를 먼저 보나? 사진이 더 비중이 큰가? 시가 더 비중이 큰가?

그러다가 문득 이건 닭이 먼저냐, 달걀이 먼저냐와 같은 참으로 부질없는 고민이란 생각이 들었다. 보는 순간 바로 꽂힌 詩, 그야말로 찰나 일일진대 어떻게, 왜 선후를 가려야 하나. 부질없는 고민이기도 하거니와 그런 것을 따지는 일은 이 글의 영역에 들지도 않으니 그냥 시인을 따라가면서 보고 읽고 느끼면 되지 않겠는가. 시를 읽는 즐거움과 사진을 보는 즐거움, 두 가지를 한꺼번에 고스란히 누리기만 하면 될 것 아닌가.

사진만 있다면 그 범위가 너무 넓어 조금 막연할 수도 있고, 시만 있다면 이성을 곧추세워 읽어야 파악할 수 있을 때가 많겠지만, 사진이 시를 도와주고 시가 사진을 도와주니 즐겁게 읽을 수 있는 시가 디카시다. 독자 개인에 따라 때로는 독자는 그 사진과 그 시에 공감하면서 즐거움을 누릴 수도 있겠고, 때로는 나름대로 사진을 달리 읽어 볼 수도 있겠다.

부지런한 시인이 열심히 사진을 찍어대길래 옆길로 새는 줄 알았다. 그런데 이제 알고 보니 그는 역시 시를 잊지 않고 있었다. 시를 쓰기 위해서 사진을 찍으러 다닌 것이다. 아니, 사진 때문에 시를 더 많이 떠올린 듯하기도 하다. 어쨌든 그 결과물로 눈 즐겁고 마음 즐거운 특별한 시집을 내놓았으니 아무려면 어떤가.

모든 예술은 자연의 표절이란 말이 있다. 시인이 한 말을 줄곧 떠올리며 시를 읽었다. 여기에 시인이 사진을 찍는 이유, 시를 쓰는 이유가 들어 있다. 여기서 표절이란 그 대상에 대한 사랑과 존경의 몸짓이라고 볼 수 있다.

꽃무릇 그대는
잎 다 버리고 절창 얻었습니다

허사虛辭 깡그리 털어낸
그대를 표절剽竊합니다 /「문장법」

『그럼에도 사랑합니다』를 나름대로 정리하면서 읽으니 재미가 더하다. 먼저 시의 세력이 큰 시다.「낙화落花를 마시다」는 사진이 없어도 될 만큼 시의 세력이 세다. 꽃이 지는 아픔이 있어야 열매를 맺을 수 있음에 꽃이 지는 서러움을 이별주 한 잔 마시듯이 기꺼이 보내는 내용인데, 이미 시만으로도 읽는 이들은 그림(사진)을 충분히 그릴 수 있다. 그만큼 시가 이미 여물어 있다. 「철길처럼」도 마찬가지다. 사진을 보지 않고 시의 제목과 본문을 연결하면서도 충분히 공감할 수 있으니 시는 이미 탄탄하게 자리 잡고 있다는 말이 되겠다.

다음은 사진의 세력이 큰 시다. 그 사진(풍경이나 사물)이 있어야 그 시가 완성되고 제대로 이해되는 시들이다. '비자림 연리목'의 사진을 보지 않고서는 그 절절함의 깊이에까지 이르지 못한다. 층층이 쌓인 수월봉 사진을 보지 않고서는 '생각하면 책 한 쪽도 못다 읽을 생입니다'가 쉽게 다가오지 못한다. 꼬부라진 초승달 사진이 받쳐주지 않으면 「문득 그립다」는 그만큼 감동을 불러오지 못할 것이다.

나는 뜻밖에도 「빈집은 없다」에 꽂혔다. 아주 평범한 풍경인데도 이상하게 그 사진, 그 풍경이 아니고서는 이 시를 도저히 불러올 수도 없고, 이 시를 깊이대로 읽을 수 없다. 결국 이러한 성격이 디카시의 특징, 디카시를 읽는 즐거움이 아닌가 하는 생각을 한다.

사람 없는 집은 있어도 빈집은 없습니다

수신인 없는 그리움이라도 뒤척입니다 /「빈집은 없다」

　여러 사람에게 즐거움을 줄 시인에게 큰일 했다고 격려를 보낸다. 그리고 많은 사람이 시인이 주는 즐거움을 놓치지 않았으면 좋겠다.

공감디카시 7
그럼에도 사랑합니다
ⓒ 정진용, 2023

지은이_ 정진용

발행인_ 이도훈
편　집_ 유수진
교　정_ 김미애
펴낸곳_ 도서출판 도훈
초판발행_ 2023년 5월 10일

사무실_ 서울시 서초구 법원로3길 19, 2층 W109호
　　　　(서초동, 양지원빌딩)
전　화_ 02) 595-4621, 010-6722-4621
팩　스_ 050-4227-4621
이메일_ flyhun9@naver.com
홈페이지_ www.dohun.kr

ISBN_ 979-11-92346-46-5　03810
정　가_ 16,050원
　책값: 16,050원 = 사진 찍고 글 다듬는 품삯 4,050원
　(시와 사진 81장×50원) + 소주 한 병만 한 짠함
　4,000원 + 국밥 한 그릇 같은 격려 등 8,000원